JIAOZIS

COCINAR Y COMER

JIAOZIS

ELFOS

 ZHAO

FOTOGRAFÍAS DE SHAKTHI PEIRIS SAMANAKKODI

CONTENIDO

La masa de los jiaozis   **pág. 12**
Tipos de doblado   **pág. 14**
Degústelos con…   **pág. 28**

18

JIAOZIS DE CERDO Y CHUCRUT

20

JIAOZIS DE SICHUAN

22

JIAOZIS DE TERNERA Y CEBOLLA

24

JIAOZIS DE CORDERO Y ZANAHORIA

26

JIAOZIS VEGETARIANOS

30

JIAOZIS DE CERDO Y MAÍZ

32

JIAOZIS CRISTAL DE GAMBAS

34

JIAOZIS DE MARISCO

36

JIAOZIS CUATRO PLACERES

38

JIAOZIS DE TERNERA

40

JIAOZIS DE POLLO

44

JIAOZIS DE HENAN

46

JIAOZIS DE SHANGHÁI

48

JIAOZIS DE NANKÍN

50

JIAOZIS DE PESCADO FRITOS

52

JIAOZIS DE REPOLLO Y TOFU

54

JIAOZIS DE CERDO Y GAMBAS

58

SOPA DE JIAOZIS CON HUEVO

60

SOPA DE JIAOZIS DE SHAANXI

62

SOPA DE MINIJIAOZIS

64

SOPA DE JIAOZIS VEGETARIANA

66

SOPA DE JIAOZIS DE TERNERA

INGREDIENTES

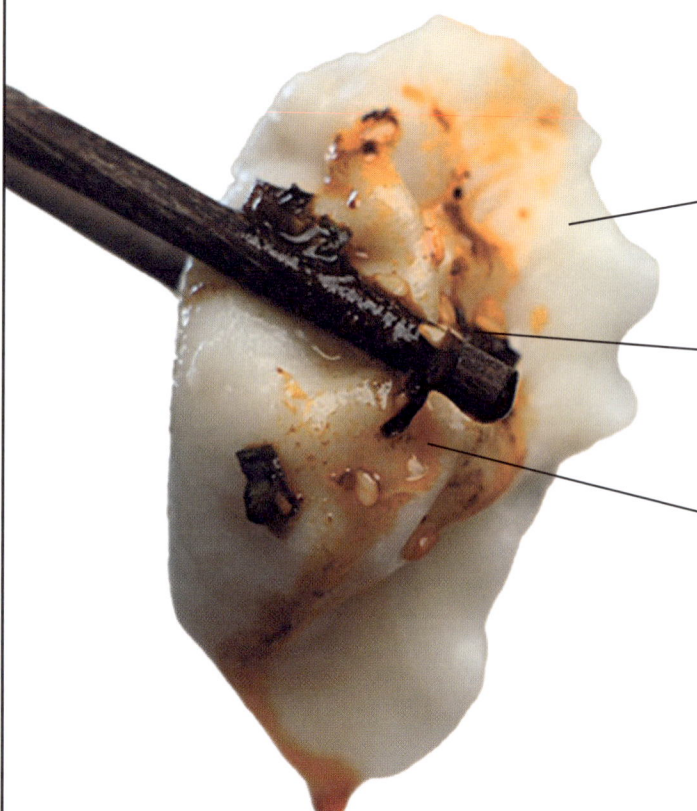

Masa de los jiaozis

Relleno hecho
de carne, pescado
u hortalizas picadas
y sazonadas

Salsa de soja
o salsa picante

CONSERVACIÓN

Los jiaozis deben
hacerse y comerse
el mismo día.

UTENSILIOS NECESARIOS

Cuchillo
Tabla de cocina
Sartén
Vaporera
Palillos

TUTORIAL DEL JIAOZI

EN CUATRO PASOS

1 Preparar la masa.

2 Preparar el relleno.

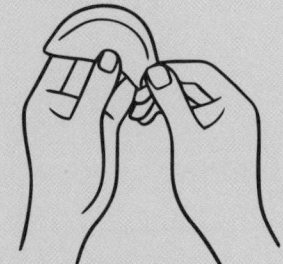

Rellenar y doblar los jiaozis.

3

4 Cocer en agua, cocinar al vapor o dorar en una sartén.

LA MASA
DE LOS JIAOZIS

PARA 30 JIAOZIS	
PREPARACIÓN 10 MINUTOS	
REPOSO 15 MINUTOS	

420 g de harina
240 g de agua

1 En un bol, vierta la harina y el agua. Mezcle con la ayuda de una cuchara de madera hasta obtener una pasta homogénea.

2 Sobre la encimera de trabajo, amásela unos minutos con la mano.

3 Ponga la masa en otro bol, cúbrala y déjela reposar durante 15 minutos.

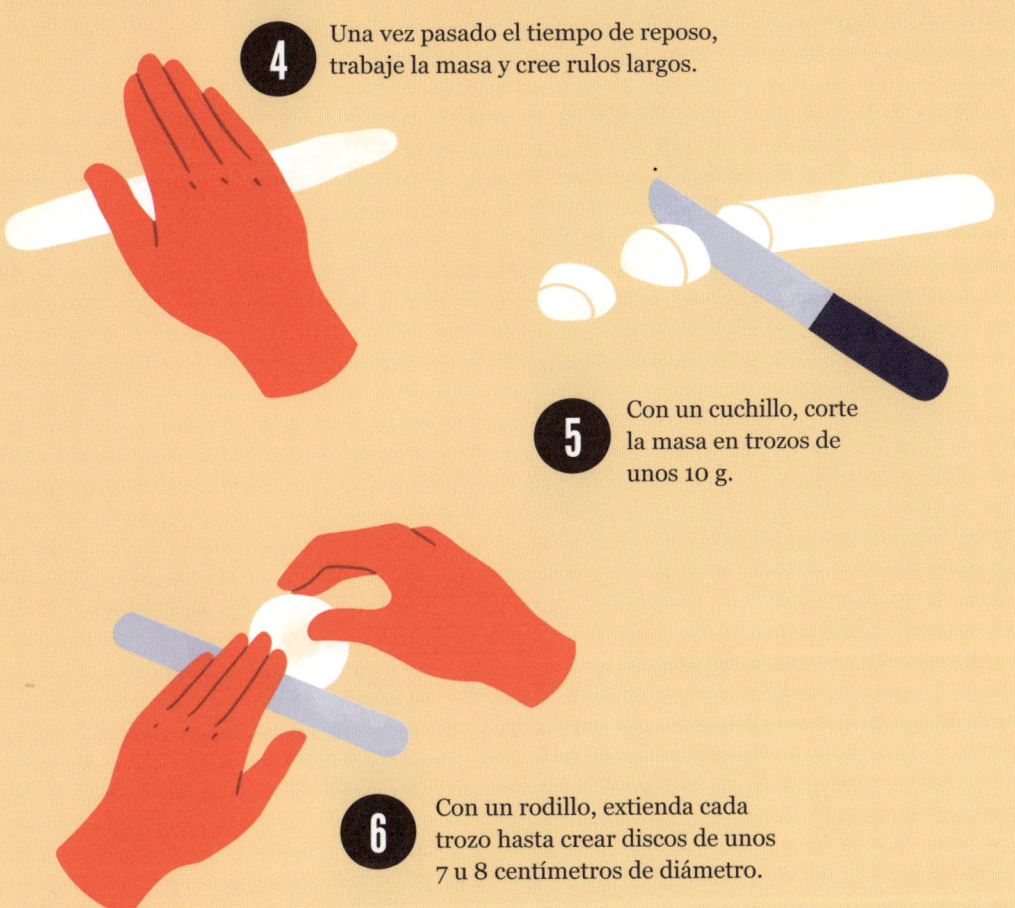

4 Una vez pasado el tiempo de reposo, trabaje la masa y cree rulos largos.

5 Con un cuchillo, corte la masa en trozos de unos 10 g.

6 Con un rodillo, extienda cada trozo hasta crear discos de unos 7 u 8 centímetros de diámetro.

Masa caliente de jiaozis (ideal para jiaozis al vapor)

PREPARACIÓN 10 MINUTOS **- REPOSO** 40 MINUTOS

240 g de harina, 40 g de almidón de maíz, 10 g de aceite

Mezcle todos los ingredientes en un bol. Lleve 180 g de agua a ebullición y viértala en el bol. Remueva la masa y déjela reposar durante 40 minutos. Después, amásela y cree rulos largos. Con un cuchillo, corte trozos de unos 10 g. Extienda la masa en discos de 7 u 8 cm. Cúbralos con un film alimentario e introdúzcalos en el frigorífico antes de usarlos.

TIPOS DE DOBLADO

JIAOZIS
PARA COCER O HACER AL VAPOR

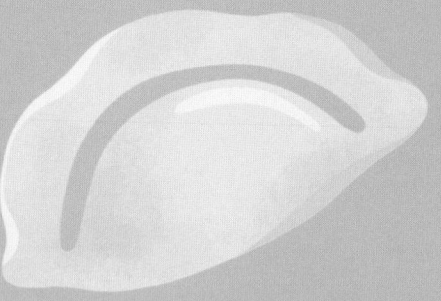

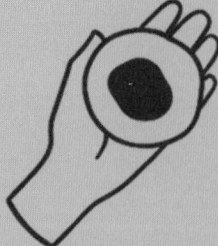

1 Ponga 20 g de relleno en el centro del disco.

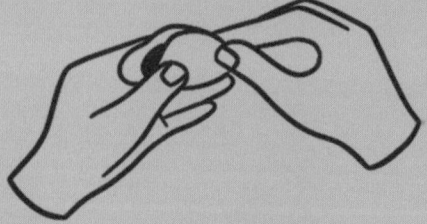

2 Doble la masa por la mitad y una los bordes pellizcándolos.

3 Después, utilice el pulgar y el índice de la mano derecha para cerrar los bordes con cuidado.

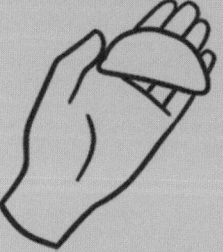

4 Flexione el índice de la mano izquierda para sostener el borde del jiaozi.

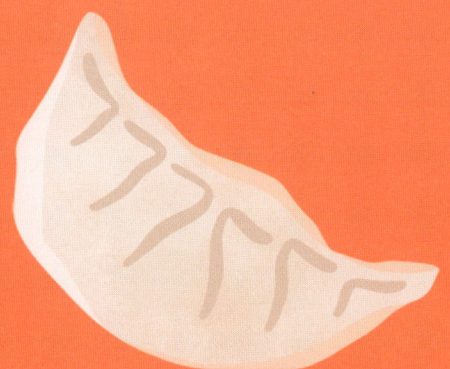

JIAOZIS
DORADOS

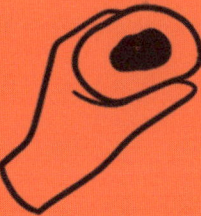

1 Ponga 20 g de relleno en el centro del disco mientras sujeta el jiaozi con el pulgar y el índice de la mano izquierda.

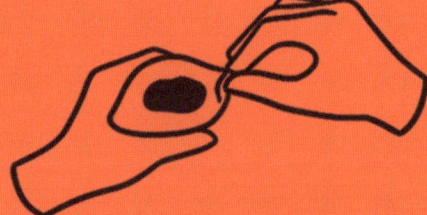

2 Pellizque el extremo derecho del jiaozi con el índice y el pulgar.

3 Siga pellizcando hasta el otro extremo para que se una todo el borde.

4 Pellizque firmemente la masa del jiaozi para evitar que se abra mientras se cocina.

TIPOS DE DOBLADO

JIAOZIS
PARA SOPA

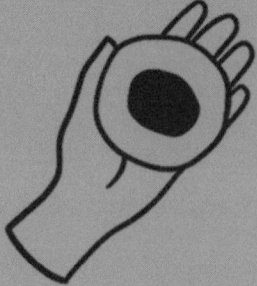

1 Ponga 20 g de relleno en el centro del disco y doble el jiaozi por la mitad mientras lo sujeta con la mano izquierda.

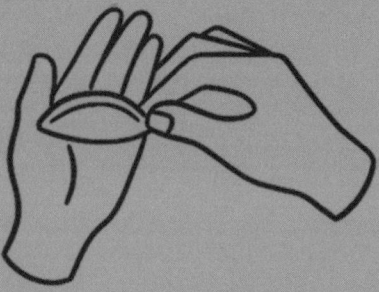

2 Una los bordes de la masa con el índice y el pulgar de la mano derecha.

3 Junte las dos esquinas para formar un círculo.

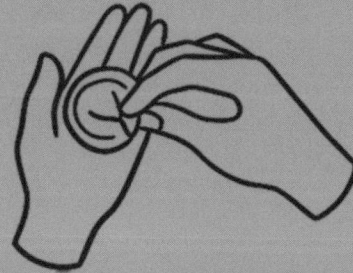

4 Pellizque los dos extremos firmemente para unirlos y que el jiaozi se mantenga de esa forma.

JIAOZIS
CUATRO PLACERES

1

Ponga 15 g de relleno en el centro del disco de masa.

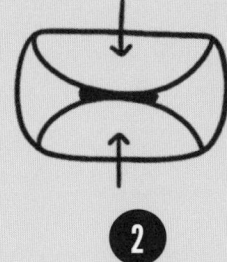

2

Doble los extremos superior e inferior y una el centro de ambos pellizcando los bordes.

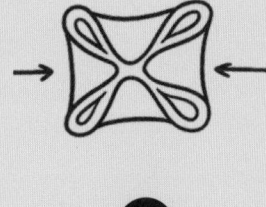

3

Doble los otros dos extremos y únalos en el centro pellizcando con firmeza.

4

Cree cuatro huecos con los dedos.

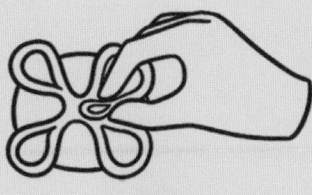

5

Pellizque los bordes de cada hueco con los bordes del de al lado para unirlos.

6

Rellene el jiaozi con la mezcla que haya preparado.

Jiaozis de cerdo y chucrut

PARA 30 JIAOZIS

PREPARACIÓN 30 MINUTOS

COCCIÓN 7 MINUTOS

---

350 g de carne de cerdo picada

250 g de chucrut

5 g de cebolleta picada

5 g de jengibre picado

7 g de sal

2 g de glutamato

20 g de aceite para cocinar

1 **PREPARE LA MASA**

Prepare la masa siguiendo las indicaciones de las páginas 12 y 13.

2 **PREPARE EL RELLENO**

Corte la carne de cerdo con un cuchillo. Póngala en un bol, añada todos los ingredientes y 50 g de agua. Mezcle hasta conseguir una masa pegajosa. Escurra el chucrut, córtelo en trozos pequeños, agréguelo al cerdo y continúe removiendo hasta obtener una mezcla homogénea y espesa.

3 **RELLENE Y DOBLE LOS JIAOZIS**

Divida la mezcla en porciones de 20 g. Rellene los jiaozis y dóblelos siguiendo las indicaciones que encontrará en las páginas 14 a 17.

4 **CUÉZALOS EN AGUA**

Ponga agua a hervir en una cacerola grande y, a continuación, añada 15 jiaozis. Espere a que vuelva a hervir e incorpore otros 15 g de agua fría. Repita esta operación dos veces. Durante la cocción, remueva con delicadeza los jiaozis para evitar que se peguen entre ellos. Estarán listos una vez que floten. Saque los jiaozis y disfrútelos mientras estén calientes.

Jiaozis de Sichuan

PARA 30 JIAOZIS	
PREPARACIÓN 30 MINUTOS	
COCCIÓN 7 MINUTOS	

600 g de carne de cerdo picada

8 g de sal

10 g de salsa de soja ligera

2 g de glutamato

1 g de pimienta blanca

5 g de aceite de sésamo

100 g de agua

Salsa

30 g de salsa picante de Zhao (véase página 28)

Aderezo

Un poco de cilantro picado

Un poco de cebolleta picada

3 g de cacahuetes triturados

1 PREPARE LA MASA

Prepare la masa siguiendo las indicaciones de las páginas 12 y 13.

2 PREPARE EL RELLENO

Ponga la carne en un bol y añada el resto de ingredientes. Mezcle hasta tener una pasta pegajosa.

3 RELLENE Y DOBLE LOS JIAOZIS

Divida el relleno en porciones de 20 g. Rellene los jiaozis y dóblelos siguiendo las indicaciones que encontrará en las páginas 14 a 17.

4 CUÉZALOS EN AGUA

Ponga agua a hervir en una cacerola grande y, a continuación, añada 15 jiaozis. Espere a que vuelva a hervir e incorpore otros 15 g de agua fría. Repita esta operación dos veces. Durante la cocción, remueva con delicadeza los jiaozis para evitar que se peguen entre ellos. Estarán listos una vez que floten. Saque los jiaozis y disfrútelos mientras estén calientes.

Jiaozis de ternera y cebolla

PARA 30 JIAOZIS

PREPARACIÓN 30 MINUTOS

COCCIÓN 7 MINUTOS

400 g de carne de ternera picada (parte grasa)

150 g de cebolla picada

100 g de zanahoria rallada

1 g de cinco especias en polvo

1 g de pimienta blanca

5 g de azúcar

7 g de sal

3 g de glutamato

20 g de salsa de soja ligera

15 g de aceite para cocinar

15 g de aceite de sésamo

1 PREPARE LA MASA

Prepare la masa siguiendo las indicaciones de las páginas 12 y 13.

2 PREPARE EL RELLENO

Pique la carne de ternera con un cuchillo. Ponga la carne en un bol, añada todos los ingredientes (excepto el aceite de sésamo) y 100 g de agua. Mezcle en un único sentido hasta conseguir una masa pegajosa. Incorpore la cebolla, y la zanahoria, y continúe removiendo hasta volver a obtener una mezcla homogénea y espesa. Por último, agregue el aceite de sésamo para conservar la humedad de la carne.

3 RELLENE Y DOBLE LOS JIAOZIS

Divida el relleno en porciones de 20 g. Rellene los jiaozis y dóblelos siguiendo las indicaciones que encontrará en las páginas 14 a 17.

4 CUÉZALOS EN AGUA

Ponga agua a hervir en una cacerola grande y, a continuación, añada 15 jiaozis. Espere a que vuelva a hervir e incorpore otros 50 g de agua fría. Repita la operación dos veces, unos 7 minutos cada vez. Durante la cocción, remueva con delicadeza los jiaozis para evitar que se peguen entre ellos o al fondo del recipiente. Estarán listos una vez que floten. Saque los jiaozis y disfrútelos mientras estén calientes.

Jiaozis de cordero y zanahoria

PARA 30 JIAOZIS	
PREPARACIÓN 30 MINUTOS	
COCCIÓN 7 MINUTOS	

350 g de carne de cordero
picada (parte grasa)

250 g de zanahoria rallada

15 g de jengibre picado

7 g de sal

5 g de azúcar

1 g de pimienta blanca

1 g de cinco especias en polvo

15 g de salsa de soja ligera

100 g de agua

30 g de aceite de sésamo

1 PREPARE LA MASA

Prepare la masa siguiendo las indicaciones
de las páginas 12 y 13.

2 PREPARE EL RELLENO

Pique la carne y añádale todos los ingredientes
excepto el aceite de sésamo. Mézclelos
removiendo siempre en el mismo sentido hasta
tener una masa pegajosa. Incorpore el jengibre
y la zanahoria, y siga mezclando. Por último,
agregue el aceite de sésamo a la mezcla para
conservar la humedad de la carne.

3 RELLENE Y DOBLE LOS JIAOZIS

Divida el relleno en porciones de 20 g. Rellene
los jiaozis y dóblelos siguiendo las indicaciones
que encontrará en las páginas 14 a 17.

4 CUÉZALOS EN AGUA

Ponga agua a hervir en una cacerola grande y,
a continuación, añada 15 jiaozis. Espere a que
vuelva a hervir e incorpore otros 15 g de agua
fría. Repita esta operación dos veces. Durante
la cocción, remueva con delicadeza los jiaozis
para evitar que se peguen entre ellos. Estarán
listos una vez que floten. Saque los jiaozis
y disfrútelos mientras estén calientes.

Jiaozis vegetarianos

PARA 30 JIAOZIS

PREPARACIÓN 30 MINUTOS

COCCIÓN 7 MINUTOS

4 huevos

200 g de cebolleta china picada

200 g de vermicelli de arroz

2 g de cinco especias en polvo

10 g de sal

7 g de azúcar

3 g de glutamato

20 g de aceite de sésamo

1 **PREPARE LA MASA**

Prepare la masa siguiendo las indicaciones de las páginas 12 y 13.

2 **PREPARE EL RELLENO**

En una sartén, preferiblemente con un poco de aceite, mezcle los huevos, los 20 g de aceite y una pizca de sal. Sumerja los *vermicelli* de arroz en agua hirviendo y déjelos ahí 2 minutos. A continuación, córtelos en trozos pequeños y póngalos en un bol con los huevos. Añada la cebolleta china y el resto de condimentos. Mezcle bien, removiendo siempre en el mismo sentido. Después, incorpore el aceite de sésamo y siga removiendo para que las verduras no absorban el agua.

3 **RELLENE Y DOBLE LOS JIAOZIS**

Divida el relleno en porciones de 15 g. Rellene los jiaozis y dóblelos siguiendo las indicaciones que encontrará en las páginas 14 a 17.

4 **CUÉZALOS EN AGUA**

Ponga agua a hervir en una cacerola grande y, a continuación, añada 15 jiaozis. Espere a que vuelva a hervir e incorpore otros 15 g de agua fría. Repita esta operación dos veces. Durante la cocción, remueva con delicadeza los jiaozis para evitar que se peguen entre ellos. Estarán listos una vez que floten. Saque los jiaozis y disfrútelos mientras estén calientes.

DEGÚSTELOS CON...

Salsa vinagreta

30 g de vinagre negro
5 g de aceite de sésamo

Mezcle los ingredientes en un bol. Esta salsa puede usarla con cualquier tipo de jiaozis.

Salsa de Zhao

30 g de salsa de soja ligera
40 g de aceite picante de Zhao
15 g de vinagre negro
5 g de aceite de sésamo
15 g de azúcar
20 g de ajo picado
10 g de cebolleta picada

En un bol, mezcle la salsa de soja, el aceite picante, el vinagre negro y el aceite de sésamo. Añada el azúcar y mézclelo todo bien. Pique el ajo y la cebolleta, y añádalos a la mezcla.

Jiaozis de cerdo y maíz

PARA 30 JIAOZIS	
PREPARACIÓN 30 MINUTOS	
COCCIÓN 12 MINUTOS	

350 g de carne de cerdo picada (mitad grasa, mitad magra)

300 g de maíz

7 g de sal

1 g de pimienta blanca

20 g salsa de soja ligera

2 g de glutamato

20 g de aceite de sésamo

100 g de agua

1 PREPARE LA MASA

Prepare la masa siguiendo las indicaciones de las páginas 12 y 13.

2 PREPARE EL RELLENO

Corte la carne de cerdo con un cuchillo. A continuación, ponga la carne en un bol y añada el resto de ingredientes. Mézclelos hasta que todo tenga una consistencia pegajosa. Incorpore el maíz y continúe removiendo hasta que la mezcla esté espesa y homogénea.

3 RELLENE Y DOBLE LOS JIAOZIS

Divida el relleno en porciones de 20 g. Rellene los jiaozis y dóblelos siguiendo las indicaciones que encontrará en las páginas 14 a 17.

4 COCÍNELOS AL VAPOR

Ponga agua a hervir y cocine los jiaozis al vapor durante 12 minutos. Después, saque los jiaozis y disfrútelos mientras estén calientes.

Jiaozis cristal de gambas

PARA 30 JIAOZIS

PREPARACIÓN 30 MINUTOS

COCCIÓN 12 MINUTOS

Para la masa

90 g de harina

170 g de almidón de maíz

260 g de agua hirviendo

9 g de azúcar

9 g de aceite para cocinar

Para el relleno

500 g de gambas frescas

100 g de carne de cerdo picada

15 g de brotes de bambú

10 g de sal

20 g de azúcar

10 g de almidón de maíz

2 claras de huevo

1 **PREPARE LA MASA**

Mezcle la harina y el almidón de maíz en un bol. Añada el agua hirviendo y remueva. Cubra la mezcla con film alimentario durante 2 minutos. Después, incorpore el resto de la harina y el aceite vegetal, y amase la mezcla hasta que esté uniforme y sin grumos. Extienda la masa hasta lograr un rulo largo y córtela en trozos de unos 10 o 15 g cada uno.

2 **PREPARE EL RELLENO**

Pele las gambas frescas y lávelas con agua. Séquelas con papel absorbente, tritúrelas y resérvelas. Ponga a cocer en agua los brotes de bambú, aclárelos con agua fría, escúrralos, córtelos en trozos pequeños y resérvelos. En un bol, vierta las claras de huevo y añada la carne de cerdo picada y el resto de ingredientes. Remueva la mezcla hasta que espese. Después, cúbrala con film y manténgala en el frigorífico durante 2 horas.

3 **RELLENE Y DOBLE LOS JIAOZIS**

Con la ayuda de un rodillo, extienda los trozos de masa en forma de disco y añada 20 g de relleno.

4 **COCÍNELOS AL VAPOR**

Ponga agua a hervir y cocine los jiaozis al vapor durante 8 minutos; añada un poco de salsa picante de Zhao. Después, extraiga los jiaozis y disfrútelos mientras estén calientes.

Jiaozis de marisco

PARA 30 JIAOZIS

PREPARACIÓN 30 MINUTOS

COCCIÓN 12 MINUTOS

500 g de pescado blanco

100 g de gambas peladas

20 g de cebolleta picada

10 g de jengibre picado

8 g de sal

1 g de pimienta blanca

10 g de azúcar

2 g de glutamato

10 g de aceite de sésamo

10 g de almidón de maíz

1 clara de huevo

20 g de agua

1 **PREPARE LA MASA**

Prepare la masa siguiendo las indicaciones de las páginas 12 y 13.

2 **PREPARE EL RELLENO**

Corte el pescado y las gambas, póngalos en un bol y añada el resto de ingredientes. Mézclelos hasta lograr una masa pegajosa.

3 **RELLENE Y DOBLE LOS JIAOZIS**

Divida el relleno en porciones de 20 g. Rellene los jiaozis y dóblelos siguiendo las indicaciones que encontrará en las páginas 14 a 17.

4 **COCÍNELOS AL VAPOR**

Ponga agua a hervir y cocine los jiaozis al vapor durante 12 minutos. Después, extraiga los jiaozis y disfrútelos mientras estén calientes.

Jiaozis cuatro placeres

PARA 30 JIAOZIS	
PREPARACIÓN 30 MINUTOS	
COCCIÓN 12 MINUTOS	

400 g de puré de patata

80 g de mantequilla sin sal

6 g de sal

1 g de pimienta negra molida

30 g de cebolleta picada

Para la decoración

20 g de champiñones negros troceados

20 g de maíz

20 g zanahoria cortada en dados pequeños

20 g de apio cortado en dados pequeños

① PREPARE LA MASA

Prepare la masa siguiendo las indicaciones de las páginas 12 y 13.

② PREPARE EL RELLENO

Pele las patatas, córtelas por la mitad y póngalas en agua fría. Lleve el agua a ebullición y cueza las patatas durante 20 minutos. Cuando estén blandas, sáquelas del agua. Póngalas en un bol, añada la mantequilla fundida y el resto de ingredientes. Mezcle bien.

③ RELLENE Y DOBLE LOS JIAOZIS

Divida el relleno en porciones de 15 g. Doble los jiaozis siguiendo las indicaciones de las páginas 16 y 17. Haga cuatro huecos y ponga en su interior el relleno y las hortalizas previstas para la decoración.

④ COCÍNELOS AL VAPOR

Ponga agua a hervir y cocine los jiaozis al vapor durante 12 minutos. Después, extraiga los jiaozis y disfrútelos mientras estén calientes.

Jiaozis de ternera

PARA 30 JIAOZIS	
PREPARACIÓN 30 MINUTOS	
COCCIÓN 12 MINUTOS	

550 g de carne de ternera
picada (parte grasa)

60 g de cebolleta picada

20 g de jengibre picado

1 g de cinco especias en polvo

20 g de salsa de soja ligera

10 g de sal

10 g de azúcar

5 g de glutamato

30 g de aceite de sésamo

100 g de agua

1 PREPARE LA MASA

Prepare la masa siguiendo las indicaciones de las páginas 12 y 13.

2 PREPARE EL RELLENO

Corte la ternera, póngala en un bol y añada el resto de ingredientes, excepto el aceite de sésamo. Mézclelo todo y, después, incorpore el aceite de sésamo. Remueva hasta conseguir una masa espesa.

3 RELLENE Y DOBLE LOS JIAOZIS

Divida el relleno en porciones de 20 g. Rellene los jiaozis y dóblelos siguiendo las indicaciones que encontrará en las páginas 14 a 17.

4 COCÍNELOS AL VAPOR

Ponga agua a hervir y cocine los jiaozis al vapor durante 12 minutos. Después, extraiga los jiaozis y disfrútelos mientras estén calientes.

Jiaozis de pollo

PARA 30 JIAOZIS	
PREPARACIÓN 30 MINUTOS	
COCCIÓN 12 MINUTOS	

400 g de muslos de pollo picados

250 g de repollo picado

30 g de cebolleta picada

10 g de jengibre picado

10 g de salsa de soja ligera

7 g de sal

3 g de caldo de pollo en polvo

7 g de azúcar

20 g de aceite de sésamo

50 g de agua

1 PREPARE LA MASA

Prepare la masa siguiendo las indicaciones
de las páginas 12 y 13.

2 PREPARE EL RELLENO

Pique los muslos de pollo, póngalos en un bol
y añada el resto de ingredientes, excepto el aceite
de sésamo. Agregue el repollo picado y continúe
mezclando. Por último, incorpore el aceite de
sésamo y siga removiendo hasta conseguir una
mezcla espesa.

3 RELLENE Y DOBLE LOS JIAOZIS

Divida el relleno en porciones de 20 g. Rellene
los jiaozis y dóblelos siguiendo las indicaciones
que encontrará en las páginas 14 a 17.

4 COCÍNELOS AL VAPOR

Ponga agua a hervir y cocine los jiaozis al vapor
durante 12 minutos. Después, extraiga los jiaozis
y disfrútelos mientras estén calientes.

Jiaozis

Sustantivo masculino

Los *jiaozis* (餃子) aparecieron por primera vez en China hace más de 1800 años, durante la dinastía Han, y se cree que su creador es el médico Zhang Zhongjin. Este plato tradicional se puede hacer al vapor en una cesta de bambú, hervirse, dorarse o servirse en una sopa, y suele acompañarse de una salsa picante.

Jiaozis de Henan

PARA 30 JIAOZIS

PREPARACIÓN 30 MINUTOS

COCCIÓN 10 MINUTOS

400 g de carne de cerdo
picada (mitad grasa,
mitad magra)

250 g de puerro picado

1 g de pimienta blanca

2 g de cinco especias en polvo

7 g de sal

5 g de azúcar

5 g de glutamato

15 g de salsa de soja ligera

20 g de aceite de sésamo

50 g de agua

Para la cocción

30 g de aceite para cocinar

1 PREPARE LA MASA

Prepare la masa siguiendo las indicaciones
de las páginas 12 y 13.

2 PREPARE EL RELLENO

Pique la carne de cerdo con un cuchillo, añada el resto
de ingredientes y continúe removiendo en un único
sentido hasta conseguir una masa pegajosa.

3 RELLENE Y DOBLE LOS JIAOZIS

Divida el relleno en porciones de 15 g. Póngalas en
discos de 10 g de masa. Doble y pellizque los bordes de
los jiaozis dejando dos lados abiertos.

4 COCÍNELOS EN UNA SARTÉN

Caliente una sartén a fuego medio, añada el aceite
para cocinar y dore los jiaozis durante 4 o 5 minutos.
Agregue unos 30 g de agua, cubra la sartén con una
tapa y déjela a fuego lento durante 3 minutos. Retire
los jiaozis y disfrútelos mientras estén calientes.

Jiaozis de Shanghái

PARA 30 JIAOZIS

PREPARACIÓN 30 MINUTOS

COCCIÓN 10 MINUTOS

600 g de carne de cerdo picada (mitad grasa, mitad magra)

8 g de sal

8 g de azúcar

4 g de pimienta blanca

40 g de salsa de soja ligera

2 huevos

20 g de jengibre picado

20 g de aceite de sésamo

20 g de aceite

60 g de agua

Para la cocción

30 g de aceite para cocinar

1 PREPARE LA MASA

Prepare la masa siguiendo las indicaciones de las páginas 12 y 13.

2 PREPARE EL RELLENO

Pique la carne de cerdo con un cuchillo, añada el resto de ingredientes y remueva en un único sentido hasta conseguir una masa pegajosa.

3 RELLENE Y DOBLE LOS JIAOZIS

Divida el relleno en porciones de 15 g. Rellene los jiaozis y dóblelos siguiendo las indicaciones que encontrará en las páginas 14 a 17.

4 COCÍNELOS EN UNA SARTÉN

Caliente una sartén a fuego medio, añada el aceite para cocinar y dore los jiaozis durante 4 o 5 minutos. Agregue unos 30 g de agua, cubra la sartén con una tapa y déjela a fuego lento durante 3 minutos. Retire los jiaozis y disfrútelos mientras estén calientes.

Jiaozis de Nankín

PARA 30 JIAOZIS	
PREPARACIÓN 30 MINUTOS	
COCCIÓN 10 MINUTOS	

400 g de carne de ternera picada (parte grasa)

300 g de cebolla picada

60 g de cebolleta picada

20 g de jengibre picado

1 g de pimienta blanca molida

2 g de cinco especias en polvo

7 g de sal

10 g de azúcar

5 g de glutamato

30 g de alcohol alimentario

50 g de agua

Para la cocción

30 g de aceite para cocinar

1 PREPARE LA MASA

Prepare la masa siguiendo las indicaciones de las páginas 12 y 13.

2 PREPARE EL RELLENO

Corte la carne de ternera, añada el resto de ingredientes excepto el aceite de sésamo y mezcle bien. A continuación, agregue el aceite de sésamo y continúe mezclando en un único sentido hasta que la consistencia sea espesa.

3 RELLENE Y DOBLE LOS JIAOZIS

Divida el relleno en porciones de 15 g. Rellene los jiaozis y dóblelos siguiendo las indicaciones que encontrará en las páginas 14 a 17. Dé a los jiaozis forma de luna, pero más largos.

4 COCÍNELOS EN UNA SARTÉN

Caliente una sartén a fuego medio, añada el aceite para cocinar y dore los jiaozis durante 4 o 5 minutos. Agregue unos 30 g de agua, cubra la sartén con una tapa y déjela a fuego lento durante 3 minutos. Retire los jiaozis y disfrútelos mientras estén calientes.

Jiaozis de pescado fritos

PARA 30 JIAOZIS	
PREPARACIÓN 30 MINUTOS	
COCCIÓN 10 MINUTOS	

500 g de pescado blanco

150 g de apio picado

20 g de jengibre picado

1 g de pimienta blanca molida

7 g de sal

5 g de azúcar

3 g de glutamato

5 g de almidón de maíz

1 clara de huevo

10 g de aceite de sésamo

Para la cocción

30 g de aceite para cocinar

1 PREPARE LA MASA

Prepare la masa siguiendo las indicaciones de las páginas 12 y 13.

2 PREPARE EL RELLENO

Después de trocear el pescado, añada el resto de ingredientes, excepto el aceite de sésamo, y mezcle bien, siempre en el mismo sentido. Por último, agregue el aceite de sésamo y siga mezclando hasta que la consistencia sea espesa.

3 RELLENE Y DOBLE LOS JIAOZIS

Divida el relleno en porciones de 20 g. Rellene los jiaozis y dóblelos siguiendo las indicaciones que encontrará en las páginas 14 a 17.

4 COCÍNELOS EN UNA SARTÉN

Caliente una sartén a fuego medio, añada el aceite para cocinar y dore los jiaozis durante 4 o 5 minutos. Agregue unos 30 g de agua, cubra la sartén con una tapa y déjela a fuego lento durante 3 minutos. Retire los jiaozis y disfrútelos mientras estén calientes.

Jiaozis de repollo y tofu

PARA 30 JIAOZIS	
PREPARACIÓN 30 MINUTOS	
COCCIÓN 10 MINUTOS	

400 g de repollo

100 g de zanahoria rallada

50 g de tofu frito

2 g de pimienta blanca molida

15 g de sal

10 g de azúcar

5 g de glutamato

20 g de aceite de sésamo

Para la cocción

30 g de aceite para cocinar

1 PREPARE LA MASA

Prepare la masa siguiendo las indicaciones de las páginas 12 y 13.

2 PREPARE EL RELLENO

Trocee las hortalizas y el tofu. A continuación, vierta todos los ingredientes en un bol, excepto el aceite de sésamo. Mezcle bien en un solo sentido. Añada el aceite de sésamo y siga removiendo para evitar que las hortalizas absorban el agua.

3 RELLENE Y DOBLE LOS JIAOZIS

Divida el relleno en porciones de 20 g. Rellene los jiaozis y dóblelos siguiendo las indicaciones que encontrará en las páginas 14 a 17.

4 COCÍNELOS EN UNA SARTÉN

Caliente una sartén a fuego medio, añada el aceite para cocinar y dore los jiaozis durante 4 o 5 minutos. Agregue unos 30 g de agua, cubra la sartén con una tapa y déjela a fuego lento durante 3 minutos. Retire los jiaozis y disfrútelos mientras estén calientes.

Jiaozis de cerdo y gambas

PARA 30 JIAOZIS	

PARA 30 JIAOZIS

PREPARACIÓN 30 MINUTOS

COCCIÓN 10 MINUTOS

350 g de carne de cerdo picada (mitad grasa, mitad magra)

150 g de gambas peladas y troceadas

100 g de cebolleta china picada

1 g de pimienta blanca molida

20 g de jengibre picado

15 g de salsa de soja ligera

10 g de sal

7 g de azúcar

5 g de glutamato

20 g de aceite

Para la cocción

30 g de aceite para cocinar

1 PREPARE LA MASA

Prepare la masa siguiendo las indicaciones de las páginas 12 y 13.

2 PREPARE EL RELLENO

Trocee la carne y las gambas. A continuación, mezcle bien todos los ingredientes, excepto el aceite y la cebolleta. Añada la cebolleta y siga removiendo. Por último, incorpore el aceite y mezcle hasta que obtenga una consistencia espesa sin que pierda la humedad.

3 RELLENE Y DOBLE LOS JIAOZIS

Divida el relleno en porciones de 20 g. Rellene los jiaozis y dóblelos siguiendo las indicaciones que encontrará en las páginas 14 a 17.

4 COCÍNELOS EN UNA SARTÉN

Caliente una sartén a fuego medio, añada el aceite para cocinar y dore los jiaozis durante 4 o 5 minutos. Agregue unos 30 g de agua, cubra la sartén con una tapa y déjela a fuego lento durante 3 minutos. Retire los jiaozis y disfrútelos mientras estén calientes.

LA ALACENA DE ZHAO

Aceite picante
clásico de Zhao

Salsa para jiaozis

Cinco especias
en polvo

Vinagre negro
de Zhen jiang

Harina de trigo
china

Caldo de pollo
en polvo

Salsa de soja ligera

Sopa de jiaozis con huevo

PARA 30 JIAOZIS
PREPARACIÓN 35 MINUTOS
COCCIÓN 10 MINUTOS

Relleno

250 g de carne de cerdo picada
(mitad grasa, mitad magra)

40 g de cebolleta picada

10 g de jengibre picado

1 g de pimienta blanca molida

5 g de azúcar

5 g de sal

10 g de salsa de soja ligera

10 g de aceite de sésamo

Masa de jiaozis

6 huevos

4 g de almidón de maíz

20 g de agua

Sopa

2 g de pyropias (algas) chinas

3 g de aceite de sésamo

5 g de sal

3 g de caldo de pollo en polvo
(opcional)

3 g de salsa de soja ligera

4 g de gambas pequeñas secas

1 PREPARE LA MASA

Prepare la masa siguiendo las indicaciones
de las páginas 12 y 13.

2 PREPARE EL RELLENO

Trocee la carne de cerdo con un cuchillo, viértala
en un bol y añada todos los ingredientes del relleno.
Remueva en un único sentido hasta que la mezcla
esté pegajosa.

3 RELLENE Y DOBLE LOS JIAOZIS

Precaliente una sartén antiadherente a fuego lento,
agregue unos 12 g de huevos batidos y extiéndalos.
Añada 8 g de relleno en el centro y cierre la mezcla
de huevo a la mitad para que cuaje.

4 PREPARE LA SOPA

Ponga agua a hervir en una cacerola, agregue
15 jiaozis y 50 g de agua fría. Remueva con
delicadeza los jiaozis para que no se peguen al
fondo del recipiente. Estarán listos una vez que
floten. Retírelos. Vierta 250 g de agua fría en una
cacerola y llévela a ebullición. Añada todos los
ingredientes previstos para la sopa. Cuando el agua
esté hirviendo, incorpore los jiaozis y cocine a fuego
medio durante 2 minutos, hasta que floten. Sirva
la sopa bien caliente.

Sopa de jiaozis de Shaanxi

PARA 30 JIAOZIS

PREPARACIÓN 35 MINUTOS

COCCIÓN 10 MINUTOS

Relleno

600 g de carne de cerdo picada (mitad grasa, mitad magra)

10 g de sal

10 g de azúcar

20 g de salsa de soja ligera

1 g de cinco especias en polvo

20 g de jengibre picado

60 g de cebolleta picada

50 g de agua

Sopa

4 g de gambas pequeñas secas

5 g de caldo de pollo en polvo

5 g de salsa de soja ligera

5 g de vinagre negro

1 g de aceite de sésamo

Aderezo

Un poco de cilantro picado

Un poco de cebolleta picada

10 g de salsa picante de Zhao

1 PREPARE LA MASA

Prepare la masa siguiendo las indicaciones de las páginas 12 y 13.

2 PREPARE EL RELLENO

Trocee la carne de cerdo con un cuchillo, viértala en un bol y añada todos los ingredientes del relleno. Remueva hasta que la mezcla esté pegajosa.

3 RELLENE Y DOBLE LOS JIAOZIS

Divida el relleno en porciones de 20 g. Rellene los jiaozis y dóblelos siguiendo las indicaciones que encontrará en las páginas 14 a 17.

4 PREPARE LA SOPA

Ponga agua a hervir en una cacerola, agregue 15 jiaozis y 50 g de agua fría. Remueva con delicadeza los jiaozis para que no se peguen al fondo del recipiente. Estarán listos una vez que floten. Retírelos. Vierta 250 g de agua fría en una cacerola y llévela a ebullición. Añada todos los ingredientes. Cuando el agua esté hirviendo, apague el fuego e incorpore los jiaozis. Añada el cilantro, la cebolleta y un poco de salsa picante de Zhao. Sirva la sopa bien caliente.

liáo zà liè
撩咋咧

Sopa de minijiaozis

PARA 30 JIAOZIS
PREPARACIÓN 35 MINUTOS
COCCIÓN 10 MINUTOS

Relleno

200 g de carne de cerdo picada (mitad grasa, mitad magra)

80 g de champiñones chinos troceados

10 g de jengibre picado

4 g de sal

4 g de azúcar

2 g de caldo de pollo en polvo

1 g de pimienta blanca molida

50 g de agua

Sopa

5 g de caldo de pollo en polvo

2 g de aceite de sésamo

Aderezo

Un poco de cilantro picado

Un poco de cebolleta picada

1 PREPARE LA MASA

Prepare la masa siguiendo las indicaciones de las páginas 12 y 13.

2 PREPARE EL RELLENO

Trocee la carne de cerdo con un cuchillo, viértala en un bol y añada todos los ingredientes del relleno. Remueva hasta que la mezcla esté pegajosa.

3 RELLENE Y DOBLE LOS JIAOZIS

Divida el relleno en porciones de 8 g. Rellene los discos con 5 g de masa y dóblelos siguiendo las indicaciones que encontrará en las páginas 14 a 17.

4 PREPARE LA SOPA

Ponga agua a hervir en una cacerola, agregue 15 jiaozis y 50 g de agua fría. Remueva con delicadeza los jiaozis para que no se peguen al fondo del recipiente. Estarán listos una vez que floten. Retírelos. Vierta 250 g de agua fría en una cacerola y llévela a ebullición. Añada todos los ingredientes. Cuando el agua esté hirviendo, apague el fuego e incorpore los jiaozis. Añada el cilantro y la cebolleta. Sirva la sopa bien caliente.

Sopa de jiaozis vegetariana

PARA 30 JIAOZIS	
PREPARACIÓN 35 MINUTOS	
COCCIÓN 10 MINUTOS	

Relleno

300 g de tofu seco picado

150 g de col china picada

70 g de champiñones negros

80 g de zanahoria rallada

15 g de sal

10 g de azúcar

2 g de glutamato

20 g de aceite de sésamo

Sopa

15 g de pak choi

1 g de pimienta blanca molida

200 g de tomates troceados

10 g de champiñones laminados

3 g de azúcar

2 g de aceite de sésamo

1 g de glutamato

① PREPARE LA MASA

Prepare la masa siguiendo las indicaciones
de las páginas 12 y 13.

② PREPARE EL RELLENO

Pique los ingredientes del relleno y mézclelos
todos, excepto el aceite de sésamo. Remueva
en un único sentido y, después, añada el aceite
de sésamo. Siga mezclando para evitar que las
hortalizas absorban el agua.

③ RELLENE Y DOBLE LOS JIAOZIS

Divida el relleno en porciones de 20 g. Rellene
los jiaozis y dóblelos siguiendo las indicaciones
que encontrará en las páginas 14 a 17.

④ PREPARE LA SOPA

Ponga agua a hervir en una cacerola, agregue
15 jiaozis y 50 g de agua fría. Remueva con
delicadeza los jiaozis para que no se peguen al
fondo del recipiente. Estarán listos una vez que
floten. Retírelos. Vierta 250 g de agua fría en
una cacerola y llévela a ebullición. Añada todos
los ingredientes. Cuando el agua esté hirviendo,
deje cocer durante 3 minutos y apague el fuego.
Incorpore los jiaozis y la cebolleta. Sirva la sopa
bien caliente.

Sopa de jiaozis de ternera

PARA 30 JIAOZIS

PREPARACIÓN 35 MINUTOS

COCCIÓN 10 MINUTOS

Relleno

400 g de carne de ternera picada (parte grasa)

200 g de apio picado

10 g de sal

8 g de azúcar

5 g de glutamato

2 g de cinco especias en polvo

1 g de pimienta blanca molida

15 g de salsa de soja ligera

10 g de aceite de ostra

30 g de aceite de sésamo

Sopa

4 g de caldo de ternera en cubitos

3 g de glutamato

10 g de salsa de soja ligera

3 g de aceite de sésamo

Aderezo

Un poco de cebolleta picada

10 g de salsa picante de Zhao

1 PREPARE LA MASA

Prepare la masa siguiendo las indicaciones de las páginas 12 y 13.

2 PREPARE EL RELLENO

Pique la ternera y mézclala bien con el resto de ingredientes, sin incluir el aceite de sésamo. Añada el aceite de sésamo y continúe mezclando en el mismo sentido hasta que la mezcla espese.

3 RELLENE Y DOBLE LOS JIAOZIS

Divida el relleno en porciones de 20 g. Rellene los jiaozis y dóblelos siguiendo las indicaciones que encontrará en las páginas 14 a 17.

4 PREPARE LA SOPA

Ponga agua a hervir en una cacerola, agregue 15 jiaozis y 50 g de agua fría. Remueva con delicadeza los jiaozis para que no se peguen al fondo del recipiente. Estarán listos una vez que floten. Retírelos. Vierta 250 g de agua fría en una cacerola, añada el caldo de ternera, llévelo a ebullición e incorpore el resto de ingredientes. Cuando el agua esté hirviendo, apague el fuego y agregue los jiaozis. Por último, añada el cilantro, la cebolleta y un poco de salsa picante de Zhao.

Gracias, Chan Pochuan y Zhu Xi,
por la elaboración de las recetas.

ELFOS
EDICIONES

Título original *Ravioli chinois*

Ilustraciones Valentine Ferrandi
Diseño Jerôme Cousin para NoOok
Traducción Cristina Alemán Arias
Revisión de la edición en lengua española
Alfredo Pestana Mota
Profesor de cocina y creador de contenidos gastronómicos
Coordinación de la edición en lengua española
Cristina Rodríguez Fischer

Primera edición en lengua española 2024

© 2024 Naturart, S.A. Editado por BLUME
Carrer de les Alberes, 52, 2.º, Vallvidrera
08017 Barcelona
Tel. 93 205 40 00 e-mail: info@blume.net
© 2024 Hachette Livre (Marabout), Vanves (Francia)

I.S.B.N.: 978-84-10268-87-6
Depósito legal: B. 15174-2024
Impreso en China

WWW.BLUME.NET